¡QUE SEA LUZ!

Luana Bruno

EDITORIAL

Poesía...
eres tú.

¡Que sea Luz!

Primera Edición 2024
© *Luana Bruno 2024*

© *Editorial Poesía eres tú.*
https:// poesiaerestu.com
C/Dr. Fleming Nº50, 4ºD
28036 Madrid
Teléfono: 34 91 999 13 12

ISBN: 978-84-18893-69-8
Depósito Legal: M-1363-2024

¡QUE SEA LUZ!

LUANA BRUNO

A mis padres y mis hermanas.

Ai miei genitori e alle mie sorelle.

Me armé de armonía

Y un día,
de esos días grises de noviembre,
decidí que la sola
arma posible
era la armonía.
Me armé de coraje y valentía.
Dejé las lágrimas y las quejas
en un cajón,
entendí que, para ser feliz,
el viaje tenía que ser hacia el interior.
Volví a la pluma,
escuché mis entrañas.
Dejé las manos escribir,
me inspiré, y moví montañas…

Y un día,
de esos días de guerras, de chillidos, de llantos,
de rojo cobalto y de negro alquitrán,
entendí que el rugido más fuerte
tenía que ser un grito de paz.
Sonreí a la vida,
luché por ella
y las de mis hermanos y hermanas del mundo.
Me armé de coraje y valentía.
Pensé que la pluma podría ser una vía.
Dejé mis manos escribir
y mis versos inspirar.
Recorrí el camino de la belleza
y de la pureza.

Me dije:
"Las palabras retumbarán más fuertes que los bombardeos.
La música y las artes plasmarán las calles y los ladrillos
arruinados.
Recogeremos las piezas rotas
y, como niños,
haremos la paz".

Y un día de noviembre,
entendí que
el amor es más fuerte que el odio,
me volví cactus en el desierto,
hice resistencia,
y con mis letras y mi firme presencia
me hice barrera
contra todo tipo de violencia.

Mi armai di armonia

E un giorno,
uno di quei giorni grigi di novembre,
decisi che l'unica
arma possibile
era l'armonia.
Mi armai di coraggio ed audacia.
Abbandonai lacrime e lamentele
in un cassetto,
capii che, per essere felice,
il viaggio doveva essere verso dentro.
Tornai alla penna,
ascoltai le mie viscere.
Lasciai che le mani scrivessero,
mi ispirai e mossi montagne...

E un giorno,
uno di quei giorni di guerre, di urla, di pianti,
di rosso cobalto e nero catrame,
capii che il ruggito più forte
doveva essere un grido di pace.
Sorrisi alla vita,
lottai per la stessa
e per i miei fratelli e sorelle del mondo.
Mi armai di coraggio ed armonia.
Pensai che la penna potesse essere una via.
Lasciai che le mie mani scrivessero
e i miei versi ispirassero.
Percorsi il cammino della bellezza
e della purezza.

Mi dissi:
"Le parole risuoneranno più forte dei bombardamenti.
La musica e le arti plasmeranno le strade e i mattoni rovinati.
Raccoglieremo i pezzi rotti
e, come bambini,
faremo la pace".
E un giorno di novembre,
capii che
l'amore è più forte dell'odio,
diventai cactus nel deserto,
feci resistenza,
e con le mie parole e la mia ferma presenza
creai una barriera
contro ogni tipo di violenza.

En ello

Pinta sus ojos,
los demás le ponen un disfraz no suyo.
No es más que una falda para los ojos de pasantes curiosos.
No es más que noticia
en una portada de una retrógrada revista.
Se pregunta para ellos ¿quién es?
Su sexo no le define,
las etiquetas no le incumben,
tampoco los confines.
Solo, como cigarro apagado en un mechero sin usar,
rota, como su voz cuando acaba de fumar…
Rota, como su alma rota
cuando no la paran de juzgar.
En los callejones nocturnos,
él busca el amor,
mientras vende su cuerpo a los que "la" follan con desprecio.
Solo, sola, sole.
Un retrato en el que no se identifica.
Sonrisa de Monalisa.
Solo, sola, sole.[1].

---

[1] El juego con el género masculino y femenino está creado deliberadamente.

13

In-tra-fra

Trucca i suoi occhi,
gli altri le attribuiscono una maschera non sua.
Non è altro che una gonna per gli sguardi dei passanti curiosi.
Non è altro che notizia
in una copertina di una rivista retrograda.
Si chiede chi è per loro?
Il suo sesso non la definisce,
le etichette non la riguardano,
né tanto meno i confini.
Sola, come una sigaretta spenta in un posacenere inutilizzato,
rotta, come è rotta la sua voce quando ha appena fumato...
Rotta, come la sua anima rotta
quando non smettono di giudicarla.
Nei vicoli notturni,
lui, lei, loro cerca l'amore,
mentre vende il suo corpo a quelli che la "scopano" con
disprezzo.
Solo, sola, sol.
Un ritratto in cui non si identifica.
Sorriso di Monnalisa.
Solo, sola, sol[2].

---

[2] Il gioco con il genere maschile e femminile è creato deliberatamente.

Barro

Barro, barriendo y
barriendo, barro…
Recuerdos hostiles,
memorias juveniles…
Barriendo, borro
metido en mi forro…
Helada la noche
de cielos estrellados,
de cantos olvidados,
de vinos bebidos y besos no dados…
Helado el silencio
de lo que no queda grabado,
de lo que queda atrapado
en un papel borrado…
Y barro, barriendo
y barriendo barro…

Spazzo

Spazzo, spazzando e
spazzando, spazzo fango…
Ricordi ostili,
memorie giovanili…
Spazzando, tutto cancello
avvolto nel mio *pile* …
Gelata la notte
di cieli stellati,
di canti dimenticati,
 di vini bevuti e baci non dati…
Gelato il silenzio
di ciò che non rimane impresso,
di ciò che resta intrappolato
su un foglio cancellato…
E spazzo, spazzando,
e spazzando, spazzo fango...

Pasos

Paso a paso
olvidamos
que estamos de paso…
Ve a paso lento,
no tengas prisa al andar.
Porque si pisas fuerte, si andas con prisa,
te pierdes la brisa,
el mar y las caricias del viento.
Pesa tus pasos,
pero no demasiado,
acaricia el suelo al andar
y
empieza a soñar.
Vive la vida, en todos sus tiempos,
paso a paso,
disfruta el momento.
Porque, paso tras paso,
el tiempo se ha ido,
y eres solo el protagonista
de un paso finito.

Passi

Passo dopo passo
dimentichiamo
che siamo di passaggio…
Vai piano,
non avere fretta nel camminare.
Perché se vai forte, se cammini di fretta,
perdi la brezza,
il mare e le carezze del vento.
Pesa i tuoi passi,
ma non troppo,
accarezza la terra mentre cammini
e
comincia a sognare.
Vivi la vita, in tutti i suoi tempi,
passo dopo passo,
goditi il momento.
Perché, progressivamente,
il tempo è passato,
e sei solo il protagonista
di un passaggio finito.

Hic et nunc

Dedicada a las personas con algún tipo de discapacidad

Y no me quiero rendir
a un destino que no acepto,
no soy las puntas de mis pies
ni tampoco un ser inepto.

El deporte en compañía
me transmite armonía.
En las clases, en el *gym*
no soy mis penas,
no me siento ajena…

No me gustan las asociaciones,
allí nos unen solo
nuestras disfunciones.
Pero, pese a mis limitaciones,
yo quiero sentir perfecto
mi cuerpo que nació con defectos.

Llegará el bastón,
llegarán las muletas,
pero ahora dejad que pise fuerte
la bicicleta.
El *spinning* de sus ruedas
me conecta con la vida.
Este es el giro
que me da huida…

Huyo de mis miedos,
de no poder ser madre,
de que toda mi ilusión
se descuadre…

Dejé hace tiempo
de mirarme con pena,
ya no me avergüenzo de mi andar,
yo no soy mis cadenas.

Habla conmigo,
pregúntame quién soy,
no te quedes en mi apariencia,
sino en cómo estoy.

Y si no puedes hacerlo,
¡déjame vivir!
Quiero disfrutar la vida
y lo que tenga por venir…

Hic et nunc

E non voglio arrendermi
a un destino che non accetto,
non sono le punte dei miei piedi
né un essere inetto.

Lo sport in compagnia
mi trasmette armonia.
Nelle lezioni, in palestra,
non sono i miei dolori,
non mi sento diversa…

Non mi piacciono le associazioni,
lì ci uniscono solo
le nostre disfunzioni.
Ma, nonostante le mie limitazioni,
voglio sentire perfetto
il mio corpo nato con qualche difetto.

Arriverà il bastone,
arriveranno le stampelle,
ma ora lasciatemi pedalare forte
su queste rotelle.
Le ruote della cyclette
mi danno vita.
Questo è il giro che voglio,
la mia via di fuga…

Scappo dalle mie paure,
scappo dal non poter essere madre,
scappo dal timore che i miei sogni
vengano stravolti…

Ho smesso tempo fa
di farmi pena,
non mi vergogno più del mio camminare,
io non sono la mia catena.

Parla con me,
chiedimi chi sono,
non fermarti all'apparenza,
ma guarda come sono.

E se non puoi farlo,
lasciami almeno vivere!
Voglio godermi la vita
e ciò che verrà…

Vuelve a su ser

Silencio ensordecedor,
llega hasta las entrañas,
separa, aísla, duele…

Háblale, acaríciala,
susurra palabras suaves
En sus oídos finos…
Dale la mano y
creced juntos.

No le des la espalda,
sino anda a su lado.
Es frágil criatura
en un mundo de titanes,
eres frágil cristal
en cáscara de hierro.
Si abrazas tus miedos a los suyos,
los transformaréis en poesía.

Siente el latido de su corazón
cuando está a tu lado…
Huele sus formas,
saborea sus senos…
Hazle el amor,
con tus ojos, tu miembro, tu alma…

Sed música que atrapa,
un diálogo que fascina,
no más ruido
en vuestra rutina…

Torna al suo essere

Silenzio assordante,
raggiunge le viscere,
separa, isola, fa male…

Parlale, accarezzala,
sussurra dolci parole
nelle suoe orecchie delicate…
Dalle la mano e
crescete insieme.

Non voltarle le spalle,
ma cammina al suo fianco.
È una fragile creatura
in un mondo di titani,
Sei fragile cristallo
in una corazza di ferro.
Se abbracci le tue paure alle sue,
le trasformerete in poesia.

Senti il battito del suo cuore
quando ti è accanto…
Odora le sue forme,
assapora il suo seno…
Falle l'amore,
con i tuoi occhi, il tuo membro, la tua anima…

Siate musica che cattura,
un dialogo che affascina,
niente più rumore
nella vostra routine…

Hielo

Sopla un viento gélido,
tu rostro se ve pálido.
Las cortaderas danzan,
mientras tus manos
tiemblan…

Nadie para su mirada,
fotografían su propia imagen
en el ego perdida…

Te hacen compañía
las plumas de los patos,
los pelos de tu gato
y una litrona, que tienes a tu lado…

En una pequeña esquina,
también un pajarito busca su vitamina…
Arduo, asimismo, es su destino,
él perdido en el cielo invernal,
y tú, en tu vaso de vino…

Quizás, tú también soñabas volar,
soñabas las flores y un cálido hogar…
Y yo, mi querido,
te miro y me avergüenzo
de este mundo ávido
que no tiene tiempo.

Gelo

Soffia un vento gelido,
il tuo viso sembra pallido.
I papiri danzano,
mentre le tue mani
tremano...

Nessuno ti degna di uno sguardo,
fotografano tutti la propria immagine
persa nel loro ego...

Ti fanno compagnia
le piume delle anatre,
i peli del tuo gatto
e una lattina, che hai accanto...

In un piccolo angolo,
anche un uccellino cerca la sua vitamina...
Arduo è anche il suo destino,
lui perso nel cielo invernale,
e tu, nel tuo bicchiere di vino...

Forse, anche tu sognavi di volare,
sognavi i fiori e un caldo focolare...
E io, caro mio,
ti guardo e mi vergogno
di questo mondo avido
che non ha tempo per chi ha bisogno.

El sol de noviembre
habla rojo arce, haya y roble...

El sol de noviembre
pinta grises y naranjos pantanos...

El sol de noviembre es
un bigote, una gorra, un hombre, un padre...

El sol de noviembre
es su cara de arrugas
y su llama de vida,
sus manos que amasan,
su voz que acaricia.

El sol de noviembre es
su sonrisa en la niebla,
sus agallas y su empuje.

Mi sol en noviembre
me enseñó el camino y a no perderme en el sendero.
Y a mi sol le dedico
mi amor verdadero.

Il sole di novembre
parla l'acero rosso, il faggio e la quercia...

Il sole di novembre
dipinge paludi grigie e arancioni...

Il sole di novembre è
un baffo, un cappello, un uomo, un padre...

Il sole di novembre
è il suo volto di rughe
e la sua fiamma di vita,
le sue mani che impastano,
la sua voce che accarezza.

Il sole di novembre è
il suo sorriso nella nebbia,
il suo coraggio e la sua grinta.

Il mio sole di novembre
mi ha insegnato la strada e a non perdermi sul sentiero.
E al mio sole dedico
il mio amore vero.

Viva

Ahora más que nunca,
me siento viva.

No tiene color
el llanto.

No pueden frenar mis pies,
¡no los paran, ni intentándolo!

Soy libre,
manto de estrellas de lluvia,

árbol de gotas de cielo,
falda de verde pasto.

No me atan vuestras amarguras,
ni vuestros prejuicios,
ni vuestros esquemas.

Soy pájaro en vuelo,
soy esperanto.

No tiene color el llanto,
no tiene cadenas mi canto...

Viva

Ora più che mai,
mi sento viva.

Non ha colore il pianto.

Non possono fermare i miei piedi,
non li bloccheranno, nemmeno se ci provassero!

Sono libera,
mantello di stelle di pioggia,

albero di gocce di cielo,
gonna di verde erba.

Le vostre amarezze non mi incatenano,
né i vostri pregiudizi,
né i vostri schemi.

Sono un uccello in volo,
sono esperanto.

non ha colore il pianto,
non ha catene il mio canto...

El mar, la mar

Olas de lluvia,
lluvia de llanto,
un sueño infringido,
de él solo un canto...

Paseando en la playa,
la mar escuchaba,
palabras no dichas,
cristales en el pecho,
silencios que hablan
en un abrazo estrecho...

Los ojos de ambos,
gotas de agua marina,
lloraban lo prohibido,
anhelaban lo vivido...

Dos almas se despedían,
mientras sus sombras allí seguían...

Y la mar lo veía,
un amor se rompía...

El mar se enfurecía,
ellos no lo sabían...
Y las olas cantaban,
dándole fuerte a las rocas,
esas tristes palabras
que no podían salir
de sus bocas...

Il mare, il mare

Onde di pioggia,
pioggia di lacrime,
un sogno infranto,
di esso solo un canto...

Passeggiando sulla spiaggia,
il mare ascoltava,
parole non dette,
cristalli nel petto,
silenzi che parlano
in un abbraccio stretto...

Gli occhi di entrambi,
gocce d'acqua marina,
piangevano ciò che era proibito,
desideravano ciò che avevano vissuto...

Due anime si dicevano addio,
mentre le loro ombre rimanevano lì impalate nell'oblio..

E il mare li guardava,
un amore si spezzava...

Il mare si infuriava,
loro non lo sapevano...
E le onde cantavano,
sbattendosi con forza contro le rocce,
quelle tristi parole
che non potevano uscire
dalle loro bocche...

No soy un colibrí

Ay, si fuera un colibrí...
Más bien pato soy.
Niebla en noviembre,
temblante conejo.
Me miro adentro.
Soy fuente preciosa,
lo noto, lo siento...
Pero tantas veces, tantas,
me han hecho sentir pantano,
diseño incorrecto,
estribillo ruidoso,
que ya no brilla en mí
la luz de mi manantial.
Si tantos abusan de mi paciencia,
me gritan y me pisan,
será que soy trapo fácil de arrugar.
Y miro mis arrugas
y el amor que soy capaz de dar.
Pero la vida se apaga,
en estos sentimientos amargos
y no me reconozco en esta niebla otoñal.
Pero yo soy mayo rosal.
Quiero oler las rosas,
el tilo y el primaveral perfumen...
¿Cómo vuelvo a mi andar?

Non sono un colibrí

Ah, se fossi un colibrì...
Piuttosto, sono una papera.
Nebbia a novembre,
coniglio tremante.
Mi guardo dentro.
Sono una fonte preziosa,
lo sento, lo so...
Ma tante volte, tante,
mi hanno fatto sentire palude,
disegno sbagliato,
ritornello rumoroso,
che la luce della mia sorgente
non brilla più dentro di me.
Se così tanti abusano della mia pazienza,
mi gridano e mi calpestano,
sarà perché sono una pezza facile da sgualcire.
E guardo le mie rughe
e l'amore che sono in grado di dare.
Ma la vita si spegne,
in questi sentimenti amari,
e non mi riconosco in questa nebbia autunnale.
Ma io sono un roseto di maggio.
Voglio sentire il profumo delle rose,
del tiglio e della primavera...
Come faccio a rimettermi sul mio cammino?

Solo notas, notas solas

Somos notas solas
de una partidura sin empezar,
silencio amargo cuando te hieren sin mirar...
¿Qué es crecer?
Me pregunto al andar.
Y me doy cuenta de que es aprender a restar,
cuando cada pieza del puzle te empieza a fallar.

Solo note, note solitarie

Siamo note solitarie
di una partitura non ancora iniziata,
un amaro silenzio quando ti feriscono senza guardarti...
Cos'è crescere?
Me lo chiedo mentre cammino.
E mi rendo conto che è imparare a sottrarre,
quando ogni pezzo del puzzle inizia a deluderti.

Migas de amor

Mendigo de amor,
sigue las huellas de otros pasos...
Sigue y no le siguen,
pasa, pasando inobservado.
Nadie le dirige su mirada.
Solo, en un patio de bulos,
perdido en un río que no fluye...

Briciole d'amore

Mendicante d'amore,
segue le orme di altri passi...
Segue senza essere seguito,
passa, passando inosservato.
Nessuno gli rivolge lo sguardo.
Solo, in un cortile di bugie,
smarrito in un fiume che non scorre...

El viaje

Esa casa...
amarillentos,
cálidos recuerdos.
Casa madre,
casa nido,
algodón de azúcar,
dulce pausa
en su vagabundear infinito...
Bizcocho casero,
pan del bueno.
Él los veía allí y los engullía por entero...
Comía como lima sorda,
comido por su soledad invisible.
Tragaba migas
de un amor robado
a los momentos serenos,
a corazones ajenos.
Pero el viaje se acababa
y volvería a su sendero.
Turista sin parada,
nómadas buscando raíces,
gorrión solitario,
deseoso de un compañero...

Il viaggio

Quella casa...
ricordi ingialliti,
calde memorie.
Casa madre,
casa nido,
zucchero filato,
dolce pausa
nel suo vagare infinito...
Torta fatta in casa,
pane di qualità.
Li vedeva lì e li ingurgitava interi...
Mangiava senza fare rumore,
divorato dalla sua invisibile solitudine.
Inghiottiva briciole
di un amore rubato
ai momenti sereni,
a cuori estranei.
Ma il viaggio finiva
e lui tornava al suo cammino.
Turista senza sosta,
nomade in cerca di radici,
passero solitario,
desideroso di un compagno...

"La pobreza"

Decía que era pobre,
no tenía un yate ni tampoco un Lamborghini.
El mar se estampaba contra sus ojos de hielo,
saboreaba unas gambas rojas,
y su mujer le acariciaba el pelo.
Me quedé pensando en qué sería por él la pobreza...
Lo tenía todo y no veía la belleza...

La povertà

Diceva di essere povero,
non aveva uno yacht né una Lamborghini.
Il mare sbatteva contro i suoi occhi di ghiaccio,
gustava gamberi rossi,
e sua moglie gli accarezzava i capelli.
Rimasi a riflettere su cosa significasse per lui la povertà...
Aveva tutto e non ne riusciva a vedere la bellezza...

Corrado

Sus ojos,
rojos de llanto,
rojos de sangre...
Tintos los labios
tintos de vino.
Bebe de rabia,
bebe a solas.
En su mar de copas,
él se consuela.
Nació con un hándicap,
le llamaban retrasado.
Pero su madre le amaba, y él se sentía querido.
Mas ahora ella ha muerto
y se ha quedado perdido...
Como clavos en las manos,
dolor y silencio crucifican sus días,
pero no habrá resurrección para él,
no es el Mesías.
Y en el cáliz de vino,
brindando a sus penas,
Corrado busca lo divino
y un poco de alivio...
Si te lo encuentras en la calle,
él se ríe en tu cara o se ríe contigo...
quizá sea el vino o la ley del contrapaso,
pero, ahora que anda borracho,
él es quién mira,
riéndose,
a los del pueblo
como si tuvieran un retraso...

Corrado

I suoi occhi,
rossi dal pianto,
rossi di sangue...
Le labbra tinte,
tinte di vino.
Beve di rabbia,
beve da solo.
Nel suo mare di bicchieri,
lui si consola.
È nato con un handicap,
lo chiamavano ritardato.
Ma sua madre gli voleva bene, e lui si sentiva amato.
Ma ora lei è morta
e lui è perso...
Come chiodi nelle mani,
dolore e silenzio crocifiggono i suoi giorni,
ma non ci sarà resurrezione per lui,
non è il Messia.
E nel calice di vino,
brindando alle sue pene,
Corrado cerca il divino
e un po' di sollievo...
Se lo incontri per strada,
lui ti ride in faccia o se la ride con te...
Forse è il vino o la legge del contrappasso,
ma, ora che è ubriaco,
lui è chi guarda,
ridendo,
agli abitanti del paese
come se avessero un ritardo...

La vida no es un *film*

¡Esta película no es mía!
Seca sus lágrimas,
viendo su personaje
interpretar una vida
que para nada se parecía
a lo que ella creía...
Pasos falsos,
tomas no repetidas,
rimas discordantes.
No hay baile,
solo figurantes,
farsantes
y giros inesperados...
Autora de un *film* no escrito,
narraba en su cabeza
sus fantasías...
Mientras tanto
la vida fluía
y para nada se parecía a lo que ella creía...

La vita non è un *film*

¡Questo film non è il mio!
Asciuga le sue lacrime,
guardando il suo personaggio
interpretare una vita
che per niente somigliava
a ciò che lei credeva...
Passi falsi,
riprese non ripetute,
rime discordanti.
Non c'è danza,
solo comparse,
commedianti
e svolte inaspettate...
Autrice di un film non scritto,
narrava nella sua mente
le sue fantasie...
Nel frattempo
la vita scorreva
e per niente somigliava a ciò che lei credeva...

Grita de impotencia

Una mochila en el suelo,
la cama desecha…
Las sábanas
huelen todavía
a talco y magnolia…

Vacío su cuarto,
vacío el piso,
sin su primaveral canto…

Llora mamá,
tu hija no volverá…
Un móvil que suena,
nadie contesta…
Grita de rabia,
grita de impotencia.
Llama y llama,
nadie contesta…

No volverá…
Llora mamá,
tu hija ya no está.

Un chico, un infame,
engañó a su alma pura.

La mete en el coche,
la arrastra en el suelo,
la viola,
la mata…
Riendo, se da a la fuga...

Su cuerpo yace
entre el rocío
y la pálida luna.

Llora mamá,
Jenny no volverá,
llora mamá…

Grida d'impotenza

Uno zaino sul pavimento,
il letto sfatto...
Le lenzuola
profumano ancora
di borotalco e magnolia...

Vuota la stanza,
vuota la casa
senza il suo canto che sa di primavera...

Piangi mamma,
tua figlia non tornerà...

Squilla il cellulare,
nessuno risponde...
Grida di rabbia,
grida di impotenza.
Chiama e chiama,
nessuno risponde...

Non tornerà...
Piangi mamma,
tua figlia non c'è più.

Un ragazzo, un infame,
ha ingannato la sua anima pura.

La mette in macchina,
la trascina per terra,
la violenta,
la uccide...
e ridendo, si da alla fuga...

Il suo corpo giace
tra la rugiada
e la pallida luna.

Piangi mamma,
Jenny non tornerà,
piangi mamma...

Entre dos vías[3]

Entre dos vías,
un punto solo.
No sale la palabra,
no existe si no la sacas.
Entre dos vías...
Vibra, como cuerda de piano,
toca como guitarra flamenca.

Las manos,
las manos...
Esas manos...

Vibran las teclas.
No salen palabras.
Es música,
no es canto...

Entre dos vías,
dos mares,
una sola agua
dos mundos,
un solo viaje.

Aquí, ayer, mañana.

¿Convencional progreso?
¿Rebelde conservación?

---

[3] Dos poemas homenajes al pianista y compositor Jorge Bedoya, conciertos en Alcalá y Guadalajara octubre y noviembre 2023.

Soy mar sin bandera,
soy punto, palabra,
soy nota, soy teclas,
soy todo y soy nada.

Entre dos vías,
las palabras no salen,
es música, no es canto.
Un Punto solo,
entre dos vías...

Tra due vie[4]

Tra due vie,
un punto solo.
La parola non esce,
non esiste se non la tiri fuori.
Tra due vie...
Vibra, come corda di pianoforte,
suona come chitarra flamenca.

Le mani,
le mani...
Queste mani...

Vibrano i tasti.
Le parole non escono.
È musica,
non è canto...

Tra due vie,
due mari,
un'unica acqua,
due mondi,
un unico viaggio.

Qui, ieri, domani.

Progresso convenzionale?
Conservazione ribelle?

---

[4] Dos poemas homenajes al pianista y compositor Jorge Bedoya, conciertos en Alcalá y Guadalajara octubre y noviembre 2023.

Sono mare senza bandiera,
sono punto, parola,
sono nota, sono tasti,
sono tutto e sono niente.

Tra due vie,
le parole non escono,
è musica, non è canto.
Un punto solo,
tra due vie...

Un piano en el escenario

Se abre el telón,
un teatro vacío,
un piano,
un artista
y sus juguetonas manos.

Alegría de Cádiz…
Los pies taconean,
fusión flamenca
entre cuerdas
que no toca…

Amor entre patios andaluces,
la marea baja de Chipiona,
la mezquita de Córdoba,
el alcázar de Sevilla…
Huele a sur…

Espectadores invisibles,
armonía tangible…

Disfruta como niño
con su piano que suave
acaricia.

Le miro escondida,
él penetra
piano, fuerte, piano
y yo
me dejo penetrar
de vida.

Se cierra el telón,
se apagan las luces.
No sabe aquel hombre
la armonía
que me induce...

Un pianoforte sul palco[5]

Si apre il sipario,
un teatro vuoto,
un pianoforte,
un artista
e le sue giocherellone mani.

Allegria di Cadice...
I piedi fanno tip tap,
fusione flamenca
tra corde
che non tocca...

Amore tra i cortili andalusi,
la marea bassa di Chipiona,
la moschea di Cordova,
l'Alcázar di Siviglia...
Profumo di sud...

Spettatori invisibili,
armonia tangibile...

Si diverte come un bambino
col suo pianoforte che delicatamente
accarezza.

---

[5] Due poesie in omaggio al pianista e compositore Jorge Bedoya, concerti ad Alcalá e Guadalajara ottobre e novembre 2023.

Lo guardo nascosta,
lui penetra
piano, forte, piano
e io
mi lascio penetrare
dalla vita.

Si chiude il sipario,
si spengono le luci.
Quell'uomo non sa
l'armonia
che mi induce...

La chica que espera

Sentada, expectante...
Un semáforo en ámbar,
una llamada que no llega,
una respuesta no dada,
una conversación no tenida…

La chica que espera,
unas alas a medio abrir,
una página sin escribir,
un sendero a mitad,
una maleta sin cerrar…

Cansada de esperar,
la chica que espera
ya no se queda atascada
en la parada del *tram*[6].

Caen lágrimas de mar
de sus ojos,
las recoge el viento…
Soplando en su cabello castaño
y removiéndola por dentro.

La chica que espera
sabe que ya no hay nada
que esperar.

---

[6] *Tram*: tranvía.

Mareada por el miedo,
vestida de temblante ansiedad,
sola,
con su pálida tristeza
y con lo que le queda de fuerza,
la chica que espera
comienza a andar…

Ya se cansó de tanto esperar…

La ragazza che aspetta

Seduta, in attesa...
Un semaforo in ambra,
una chiamata che non arriva,
una risposta non data,
una conversazione non tenuta...

La ragazza che aspetta,
ali a metà aperte,
una pagina non scritta,
un sentiero nel mezzo,
una valigia non chiusa...

Stanca di aspettare,
la ragazza che aspetta
non rimane più immobile
alla fermata del tram.

Lacrime di mare
scendono dai suoi occhi,
il vento le raccoglie...
Soffiando tra i suoi capelli castani
e scuotendola dentro.

La ragazza che aspetta
sa che non c'è più nulla
da aspettare.

Stordita dalla paura,
vestita di ansia tremante,
sola,
con la sua pallida tristezza
e con ciò che le rimane di forza,
la ragazza che aspetta
comincia a camminare...

Si è stancata di aspettare...

La araña

Teje su tela una araña
y, de repente,
se hace de noche.

Me siento bloqueada
entre estos espacios blancos,
en estos rebosantes huecos…

Teje su tela una araña,
y yo no puedo escapar
de su sutil trampa,
más dura que el acero,
más flexible que un salto en el aire…

¡No mires!,
¡no mires!
El truco está en no mirar.
No pienses,
no toques el dolor.

Mas yo quiero escarbar,
entrar, sentir,
vivir, andar…

Cierro mis ojos,
ya soy ruiseñor.
La telaraña desvanece en el aire,
la trampa se hace plumas,
y mi agonía,
un dulce canto
de libertad…

Il ragno

Tesse la sua tela un ragno
e si fa subito sera.

Mi sento bloccata
tra questi spazi bianchi,
in questi vuoti colmi...

Tesse la sua tela un ragno,
e io non posso sfuggire
alla sua trappola sottile,
più dura dell'acciaio,
più flessibile di un salto nell'aria...

Non guardare,
non guardare!
Il trucco sta nel non guardare.
Non pensare,
non toccare il dolore.

Ma io voglio scavare,
entrare, sentire,
vivere, camminare...

Chiudo gli occhi,
già sono un usignolo.
La ragnatela svanisce nell'aria,
la trappola diventa piuma,
e la mia agonia,
un dolce canto
di libertà...

Gotas de sur

Las piernas avanzan solas,
pies y manos cabalgan al unísono…

Gotas de sol,
gotas de sur,
la frente, olas de mar…

Tiembla la tierra,
con sus pasos
rápidos y suaves.

El trigo observa,
la hurraca canta.
El volcán duerme,
el pueblo aguanta…

Ella va…
Los pies corren
atrapando su sombra…

Gotas de sur, gotas de sal,
gotas de sol, sol de su hogar,
en su frente, olas de mar…

Gocce di sud

Le gambe avanzano da sole,
piedi e mani cavalcano all'unisono...

Gocce di sole,
gocce di sud,
la fronte, onde di mare...

Trema la terra,
con i suoi passi
veloci e leggeri.

Il grano osserva,
la gazza canta.
Il vulcano dorme,
il popolo resiste...

Lei va...
I piedi corrono
catturando la sua ombra...

Gocce di sud, gocce di sale,
gocce di sole, sole della sua casa,
sulla sua fronte, onde di mare...

ÍNDICE